Arena Bibliothek des Wissens

Lebendige Biographien

Arena

In neuer Rechtschreibung

Die Originalausgabe erschien 2002 unter dem Titel »Archimede e le sue macchine da guerra«

Für die deutsche Ausgabe:
1. Auflage 2006

Übersetzung aus dem Italienischen von Anne Braun
Coverillustration: Joachim Knappe
Gesamtherstellung: Westermann Druck Zwickau GmbH
ISBN 3-401-05744-8
ISBN 978-3-401-05744-6

www.arena-verlag.de

Archimedes und der Hebel der Welt

LUCA NOVELLI

Aus dem Italienischen
von Anne Braun

Archimedes

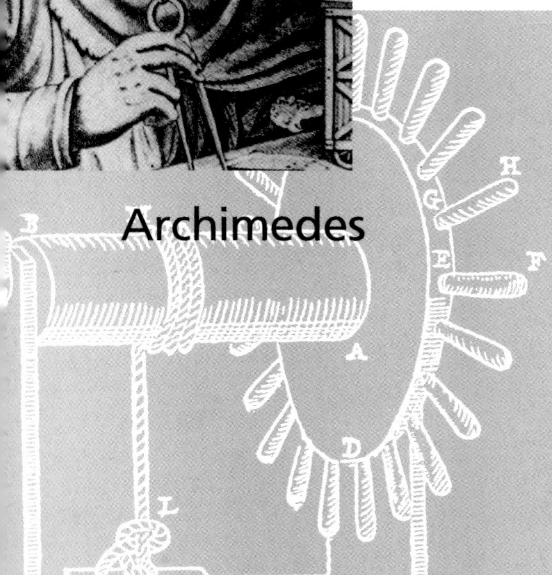

Archimedes war einer der ersten großen Physiker, Mathematiker und Erfinder der Menschheit und einer der bedeutendsten Wegbereiter der modernen Naturwissenschaften. Seiner Zeit war er weit voraus. Er bewies seine Theorien mit praktischen Experimenten und erkannte, dass sich physikalische Erscheinungen anhand mathematischer Formeln darstellen lassen. Im Gegensatz zu den meisten Wissenschaftlern seiner Zeit scheute Archimedes sich auch nicht, sein geniales Gehirn zur Lösung praktischer Alltagsprobleme einzusetzen.
Er entdeckte allgemeingültige geometrische Gesetze und entwickelte Lehrsätze, die bis heute zu den Grundlagen der Physik gehören, zum Beispiel die Hebelgesetze.
Doch auch seine Geräte und Kriegsmaschinen machten ihn zu einer Legende und seinen Namen unsterblich.
Dabei hat Archimedes sein Leben lang äußerst selten und nur ungern an den Krieg gedacht.

DIESES BUCH HANDELT VON …

mir, Archimedes
von Syrakus.

Es erzählt von
meiner Kindheit
in einer der schönsten Städte
Großgriechenlands in der
Provinz Sizilien.

Ich schildere meine
Studienreisen in die sagenhafte
Stadt Alexandria in Ägypten.

Es geht auch um meine berühmten Entdeckungen auf den Gebieten der Physik und Geometrie.

Dann ist da meine Freundschaft mit König Hieron und die berühmte Geschichte mit seiner Krone.

Und natürlich geht es auch um meine unglaublichen Kriegsmaschinen.

DIE WELT DES ARCHIMEDES

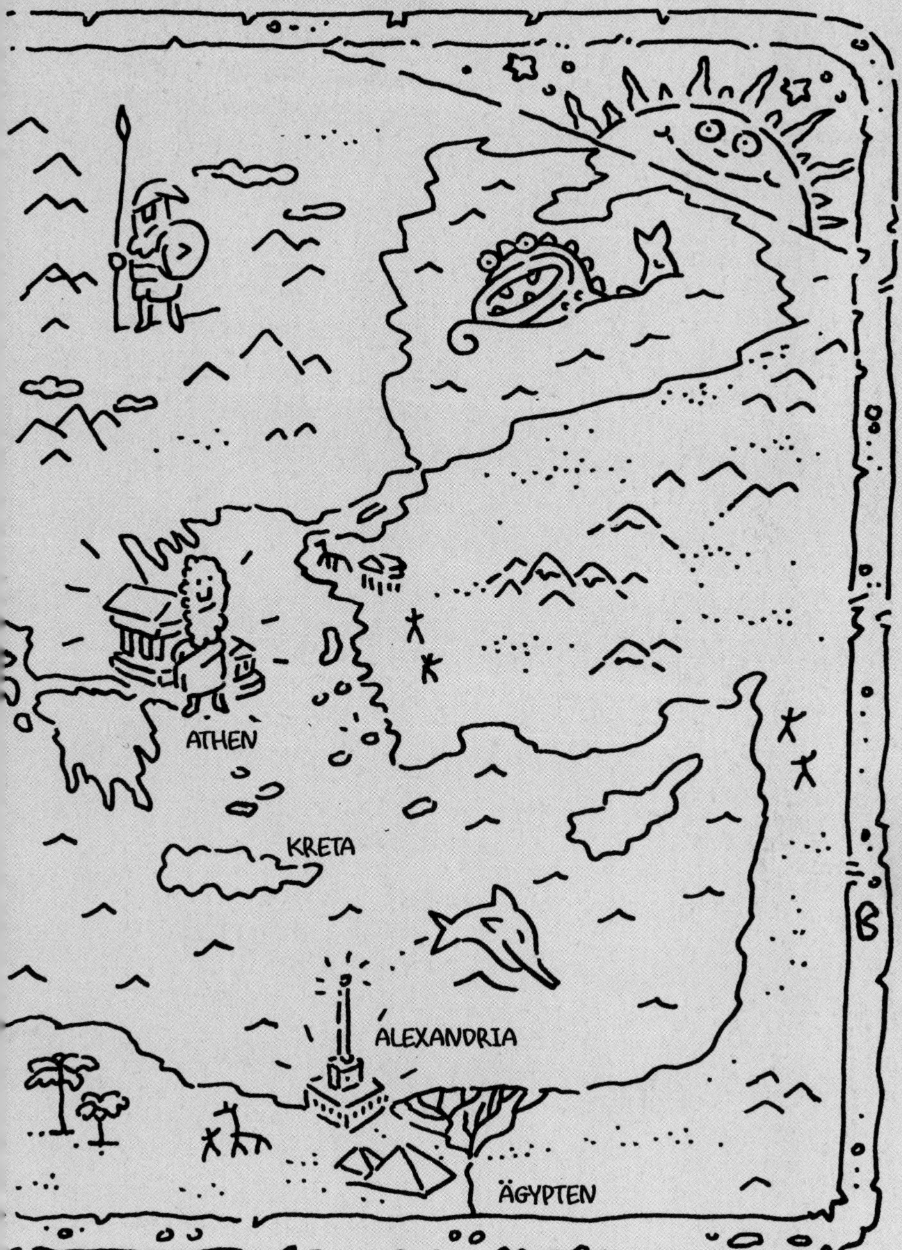
ATHEN
KRETA
ALEXANDRIA
ÄGYPTEN
B

Archimedes wird um 287 v. Chr. geboren, zu einer Zeit, da der Hellenismus – die Verbreitung der griechischen Kultur und Sprache – seinen Höhepunkt erreicht hat. Athen ist eine große, mächtige Stadt. Mächtig sind auch die griechischen Provinzen, die Alexander der Große erobert hat und zu denen unter anderem Ägypten zählt. Auch die Stadtstaaten, die im Verlauf der letzten Jahrhunderte von den Griechen in Süditalien gegründet wurden, sind unabhängig und reich.
Die blühendste dieser Städte ist das sizilianische Syrakus.

1. ICH, ARCHIMEDES

Seid gegrüßt, Barbaren und Nicht-Barbaren.
Zur Information: Ein Barbar ist für uns Griechen jeder, der nicht zu unserem Volk gehört.
Willkommen in Syrakus, meiner Heimat, der schönsten Stadt Siziliens. Ich bin Archimedes, der Sohn des Phidias. Mein Vater ist mit Hieron, dem obersten Feldherrn und Befehlshaber der Flotte, befreundet.
Böse Zungen behaupten, meine Mutter sei früher mal Sklavin gewesen, aber wehe, jemand traut sich, das laut zu sagen!
Sie ist eine wunderbare Mutter.

Syrakus wurde auf einer kleinen Insel namens Ortigia gegründet, die durch eine Landenge mit dem Festland verbunden ist. Innerhalb der Stadtmauern stehen der Tempel der Athene und des Göttervaters Zeus, der Königspalast und auch das Haus meiner Familie.

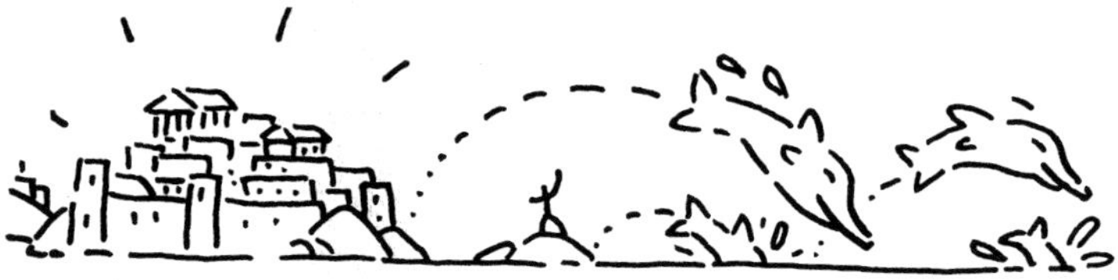

Ich bin zehn Jahre alt. Syrakus befindet sich im Kriegszustand. Alle befürchten, dass der Feind uns vom Meer aus angreifen wird.

Trotzdem laufe ich an den Strand, wann immer es möglich ist. Dort sammle ich Muscheln, Krebse und Seeigel. Eines Abends bei Sonnenuntergang kommt eine Delfinfamilie bis ans Ufer geschwommen. Bestimmt will sie mir Hallo sagen. Mein Volk mag Delfine und es heißt, sie würden Glück bringen. Sie sind sogar auf unseren Münzen abgebildet.

Meine Freunde und ich wagen uns manchmal bis hinter die Felder zu den Höhlen in den Bergen und schauen den Sklaven zu, die dort Steine klopfen.

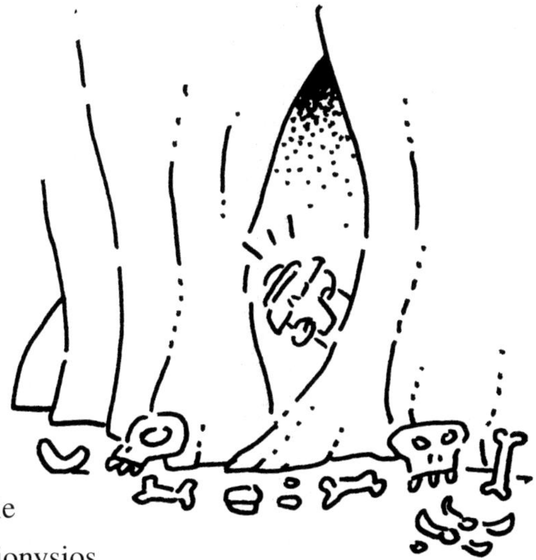

Oder wir spielen in der großen Höhle, in die der grausame König Dionysios seine Gefangenen einsperren ließ.

Wir machen auch Jagd auf Kaninchen oder pflücken Feigen und andere wild wachsende Früchte. Wenn wir etwas nach Hause bringen, freuen sich die Mägde und geben uns zur Belohnung eine Hand voll Honigplätzchen.

Die Griechen in Syrakus leben in großem Wohlstand.
Die fruchtbare Erde liefert Getreide, Oliven und Trauben im Überfluss. Die Stadt exportiert Öl, Wein, Nutzholz und sogar ganze Schiffe.
Seine blühende Wirtschaft verdankt Syrakus jedoch den Sklaven, die alle Arbeiten verrichten.
Zu Zeiten von Archimedes ist die griechische Oberschicht herzlich wenig an Maschinen oder anderen Gerätschaften interessiert, welche die Arbeit erleichtern könnten. Wozu gibt es schließlich Sklaven?

2. UNTERRICHT AM STRAND

Heute ist es windstill und das Meer ist ruhig. Deshalb findet der Unterricht am Strand statt. Wir haben kein Papier und keine Stifte und natürlich auch keine Hefte oder Bücher. Eigentlich haben wir nicht mal eine richtige Schule. Privatlehrer unterrichten uns in kleinen Gruppen im Hof eines Schülers oder eben hier am Strand. Das ist ideal, weil man die Buchstaben unseres Alphabets wie auf eine Tafel in den Sand schreiben kann.

Griechisch, meine Muttersprache, kann ich schon gut schreiben. Und rechnen kann ich auch schon. Allerdings haben wir noch keine Zahlen wie ihr später. Wir benutzen zum Rechnen die ersten Buchstaben unseres Alphabets.

Bücher – eigentlich Papyrusrollen – sind den Erwachsenen und Lehrern vorbehalten. Sie sind sehr wertvoll, auch hier in Syrakus, obwohl bei uns viele Papyrusstauden wachsen, genau wie im fernen Ägypten.

Nur wenn wir zu Hause das Schreiben üben, benutzen wir kleine Holztafeln. Sie sind mit einer Wachsschicht überzogen, in die wir mit spitzen Stäbchen Buchstaben einritzen.

Wenn wir abends am Feuer sitzen, findet sich immer jemand, der eine Geschichte über die Götter erzählt. Darin geht es um die zahlreichen Liebschaften von Zeus, die Rache seiner eifersüchtigen Gemahlin Hera oder die Liebesgeschichten der Aphrodite. Oder wir zitieren im Chor Ausschnitte aus den Epen Homers, die fast alle auswendig kennen. Klar, die Ära des Fernsehens ist noch fern. Aber glaubt mir, manche Legenden über unsere Götter sind spannender als die Seifenopern eurer Zeit.

Ach übrigens, bei uns in Syrakus gehen auch wir Kinder schon wie alle anderen freien Bürger der Stadt ins Theater. Vor allem im Frühling und im Sommer. Auf der Bühne treten nur Männer auf, und wenn sie eine weibliche Rolle spielen, tragen sie eben Frauenmasken – die sind aber ebenso hässlich wie die männlichen Masken. Es werden Komödien und Tragödien aufgeführt und es wird viel gelacht und geweint.

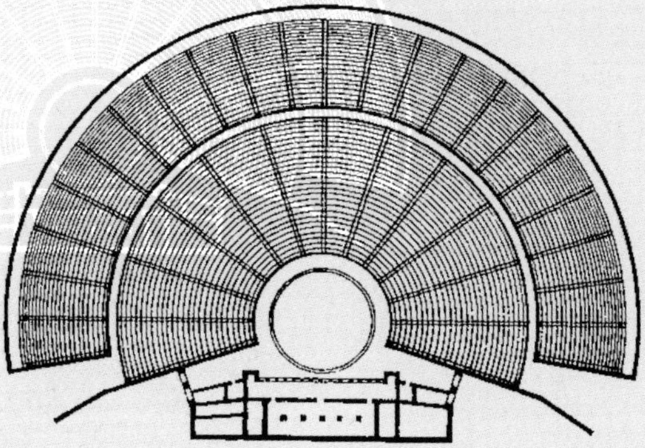

Das Theater von Syrakus ist ein Amphitheater, ein riesiges halbrundes Bauwerk mit steinernen Sitzen. Es liegt, wie alle Theater des antiken Griechenlands, unter freiem Himmel. Archimedes und seine Zeitgenossen betrachten oft das Firmament.
Die Gestirne über ihnen bewegen sich nach unveränderlichen Gesetzen, welche die griechischen Wissenschaftler seit langem zu ergründen suchen. Allerdings stehen ihnen zur Beobachtung der Natur keinerlei Hilfsmittel zur Verfügung, nur ihre eigenen fünf Sinne. Erst sehr viele Jahrhunderte später wird Galileo Galilei als erster ein Teleskop benutzen. Die Astronomie steckt zu Archimedes' Zeiten noch in den Kinderschuhen.

3. DER HIMMEL ÜBER MIR

Inzwischen bin ich schon groß. Ich habe nachts im Dunkeln keine Angst mehr. Ich glaube nicht mehr an die Harpyien, geflügelte weibliche Ungeheuer mit Vogelkrallen, die nachts kleine Kinder rauben sollen.

Heute Nacht ist Papa mit mir auf die höchstgelegene Terrasse der Stadt gegangen und hat mir gezeigt, wie sich die Sterne bewegen. Er sagte, sie seien wie mit Nägeln an durchsichtigen Himmelskreisen befestigt, die sich um die Erde bewegen. Auch die Sonne ist so ein Stern, der sich allerdings an dem uns am nächsten gelegenen Himmelskreis bewegt.

Mama hingegen meint, die Sonne würde auf einem Karren von den goldenen Pferden des Gottes Helios am Himmel entlanggezogen. Sie hält nicht viel von manchen Ideen der modernen Philosophen.

Papa sagt, wenn man den Himmel viele Nächte lang mit großer Geduld beobachtet, würde man entdecken, dass sich manche Sterne etwas merkwürdig bewegen. Einige sogar sehr merkwürdig ... Es sieht so aus, als würden sie sich nicht wie die Sonne, der Mond und der Himmelskreis mit den Fixsternen um die Erde drehen. Denn manchmal bewegen sie sich rückwärts! Das sind die Planeten. Sie werden noch zu eurer Zeit nach den römischen Göttern benannt sein: Merkur, Venus, Mars, Jupiter ...

Der Himmel steckt voller Geheimnisse. Und ich merke, dass ich viel zu wenig über die Welt weiß. Ist die Erde zum Beispiel eine Kugel, wie unser großer Philosoph Aristoteles behauptet, oder flach wie das Fladenbrot von unserem Bäcker?

Papa sagt, Aristoteles habe Recht, weil die Erde bei einer Mondfinsternis einen gekrümmten Schatten auf den Mond wirft.

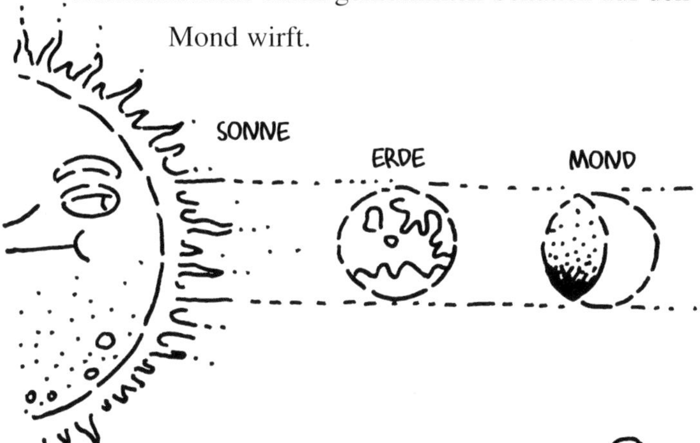

Und steht die Erde fest im Mittelpunkt des Universums oder bewegt sie sich, wie viele – darunter auch mein Vater – glauben? Wenn ich groß bin, werde ich hoffentlich auch so viel Zeit haben wie er, um die Sterne zu studieren.

Das Mittelmeer trennt Syrakus von einem damals sehr mächtigen Reich in Nordafrika: Karthago.
Karthago strebt die Kontrolle über das ganze Mittelmeer an und besitzt eine schlagkräftige Flotte. Diese ist schon mehrfach in Sizilien eingefallen.
Die Unabhängigkeit von Syrakus und dem übrigen Sizilien wird allerdings noch von einer weiteren Großmacht bedroht: Rom. Syrakus befindet sich also quasi zwischen zwei Mühlsteinen.
Der letzte Krieg wurde gegen die schrecklichen Mamertiner geführt, die sich zuerst mit Karthago, dann mit Rom verbündet hatten.

4. HOCH LEBE KÖNIG HIERON!

Hieron, der gute Freund meines Vaters und Militärkommandeur von Syrakus, hat in einer großen Schlacht die Mamertiner besiegt. Die Mamertiner sind italienische Söldner,

die überaus lästig sind, denn sie plündern alles, was ihnen in die Finger kommt. In einem Triumphzug und mit vielen in Ketten gelegten Gefangenen ist Hieron in die Stadt zurückgekehrt. Da haben sich alle auf der Agora, dem Marktplatz, versammelt und ihn zum König ausgerufen!

Papa freut sich, ich weniger. Meiner Meinung nach wäre es besser, wenn mehrere Personen zusammen regieren. Eine Demokratie wäre mir lieber als eine Tyrannei, obwohl Hieron ja auch ein weiser Tyrann sein kann ... Warten wir's ab! König Hieron II. ist der Sohn eines Adligen und einer ehemaligen Sklavin, genau wie ich. Und wir haben noch etwas gemeinsam: Wir mögen keine adligen Schnösel. Doch er ist ein Mann der Waffen und schreckt bei Schlachten vor keiner Gräueltat zurück. Ich bin etwas zarter besaitet.

König Hierons erste Amtshandlung ist von historischer Bedeutung: Er verbündet sich mit Rom. Die Römer sind natürlich Barbaren. Doch wenn nun Frieden herrscht, gibt es auch bald wieder Wohlstand. Und das allein zählt.

Tatsächlich blüht die Stadt richtig auf. Hieron lässt den königlichen Palast renovieren, Denkmäler und neue Gebäude errichten. Dafür lässt er Handwerker und Architekten bis aus Athen kommen. Fasziniert schaue ich ihnen zu, wie sie die Steine bearbeiten und mit Hanfseilen und Rollen schwere Gewichte heben. Auf diese Weise lerne ich viel dazu, kann ihnen aber auch ein paar Ratschläge geben.

Alles beruht auf Zahlen, wie Meister Pythagoras sagte: die Architektur, die Musik, die Formen der Dinge ... und auch die Landschaft, die uns umgibt.

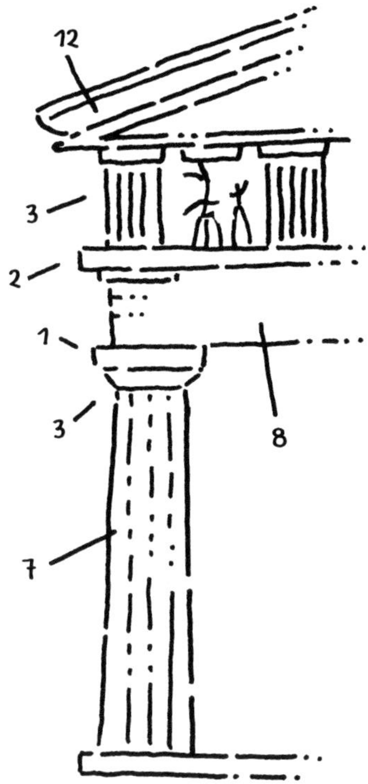

Und allen schönen Dingen liegen Harmonie und Geometrie zu Grunde.

Inzwischen bin ich siebzehn Jahre alt. Ich weiß aber noch nicht, was ich werden möchte. Vielleicht Philosoph, vielleicht aber auch Ingenieur. Eins steht jedoch fest: Ich möchte in Harmonie mit der Welt leben.

Den berühmten Mathematiker Pythagoras hat Archimedes nicht persönlich gekannt, denn dieser lebte drei Jahrhunderte vor ihm. Er betrachtet ihn jedoch als einen seiner großen Lehrmeister.
Pythagoras lebte in Kroton, einer weiteren großen Stadt im heutigen Süditalien, das damals eine griechische Kolonie war. Hier gründete er eine Schule, an der Musik, Mathematik, Geometrie und Medizin gelehrt wurden.
Pythagoras hat viele mathematische Entdeckungen gemacht; sein späterer Ruhm beruht hauptsächlich auf dem berühmten, nach ihm benannten Lehrsatz: $a^2 + b^2 = c^2$*. Auch er hat häufig am Strand unterrichtet.*

5. MEINE ERSTE GROSSE REISE

Toll! Ich darf meinen Vater nach Ägypten begleiten.
Wir fahren auf einem großen, gut bewaffneten Schiff des Königs, sind jedoch in friedlicher Absicht unterwegs.

Ich sehe meine Insel hinter mir immer kleiner und kleiner werden. Als Letztes verschwindet der Ätna am Horizont, der große Vulkan Siziliens. Bei seinem Anblick muss ich an Mama denken, die sagt, im Ätna wohne Hephaistos, der hinkende Gott des Feuers, der zugleich auch Schmied ist. Und der Rauch und die Lava kämen aus seiner unterirdischen Schmiede.

Wir sind unterwegs, um Ptolemaios II., dem Herrscher Ägyptens, Geschenke zu überbringen. Das nordafrikanische Land Ägypten wurde vor einigen Jahrzehnten von Alexander dem Großen erobert. Deshalb ist es nun eine griechische Provinz, die von der Familie eines seiner Generäle, nämlich Ptolemaios, regiert wird. König Hieron II. will mit den mächtigsten Ländern am Mittelmeer in Frieden leben. Und gleich nach Rom ist Ägypten mittlerweile eines der mächtigsten Reiche.

Die Überfahrt kann Monate dauern, wenn kein Wind geht oder schlechtes Wetter herrscht. Doch wir haben Glück: Die Sonne scheint und ein laues Lüftlein weht. Zum Glück stoßen wir auf keine feindlichen Schiffe. Wir fahren an einigen Inseln vorbei, darunter auch an dem sagenumwobenen Kreta. Kreta war früher eine mächtige Insel mit einem Palast, in dem der legendäre Minotaurus lebte, ein Ungeheuer, halb Mensch, halb Stier.

Doch dann gab es mitten im Mittelmeer einen Vulkanausbruch und eine riesige Flutwelle zerstörte alle Städte Kretas. Aus diesem Vulkan entstand eine neue Insel – Santorin.

Irgendwann kommt Alexandria in Sicht. Der riesige Leuchtturm dieser Stadt, eines der sieben Weltwunder, leitet uns bei Nacht. Ich kann es kaum erwarten, die Grünanlagen der Stadt zu besuchen, in denen – wie ich gehört habe – ungeheuerliche Tiere leben sollen. Doch am meisten freue ich mich auf die große Bibliothek, in der alles Wissen meiner Zeit angesammelt ist.

Die Stadt Alexandria in Nordägypten ist nach Alexander dem Großen benannt, der sie im Jahre 332 v. Chr. gegründet hat. König Ptolemaios I. und auch sein Sohn Ptolemaios II. versammeln zahlreiche griechische Künstler, Architekten, Wissenschaftler und Techniker in Alexandria, der Hauptstadt des neuen ägyptischen Königreichs, und machen es so zum geistigen und kulturellen Mittelpunkt des Mittelmeerraums. All die Gelehrten, die nach Alexandria strömen, bringen ihre Bücher mit und sogar einen Großteil der Bibliothek des Lykeions, des Gymnasiums von Athen.

6. IN ALEXANDRIA

Alexandria ist eine fantastische Stadt, halb griechisch, halb ägyptisch! Es gibt Tempel, die Zeus und Aphrodite geweiht sind, aber auch Tempel für die ägyptischen Götter, die teils Mensch, teils Tier sind.
Und es gibt viele Theater, Privatpaläste und großartige öffentliche Gebäude. Man kleidet sich nach der griechischen Mode. Im Hafen und auf den Märkten trifft man Menschen aus aller Welt: Mittelmeeranrainer, Schwarze, Asiaten und sogar Inder.

Innerhalb weniger Jahrzehnte ist diese Stadt unglaublich gewachsen. Sie ist wunderschön und sprüht nur so vor Leben.

Vielleicht finde ich Alexandria deshalb so faszinierend, weil es hier ein großartiges Museum gibt, an das die unvergleichliche Bibliothek von Alexandria angeschlossen ist. Stellt euch vor: Nirgendwo sonst auf der Welt wird man wie hier dafür bezahlt, wenn man studiert, doziert oder die Bücher betreut.

Das Museum ähnelt den Universitäten eurer Zeit und in gewisser Weise ist es auch die erste Universität. Es ist Treffpunkt der großen Geister meiner Zeit. Es gibt Lesesäle und andere Räume, in denen eine halbe Million Schriftrollen, Geräte, Kunstwerke, Mineralien, Kräuter und Pflanzen aufbewahrt werden. In anderen Sälen sind mechanische und chemische Labors untergebracht.

Das gesamte Wissen meiner Zeit ist hier vereinigt. Und wann immer es ihnen möglich ist, reisen Forscher an, um zu lernen oder zu lehren.

Mein Vater und ich sind Gäste des Königs. Ich habe jede Menge Zeit, um das Museum zu besuchen und mit den Wissenschaftlern zu sprechen, die hier arbeiten.

Ich hatte gehofft Euklid zu treffen, den berühmtesten Wissenschaftler des Mittelmeerraums, doch er ist leider nicht auffindbar.
Euklid hat insgesamt dreizehn Bücher über Mathematik und Geometrie geschrieben, in denen er einen großen Wissensschatz zusammengetragen hat, den er mit eigenen Forschungen ergänzte. Ich bin fest davon überzeugt, dass auch in der Zukunft kein Schüler oder Student der Geometrie, Algebra und Arithmetik um seine Lehrsätze herumkommen wird, die er in seinem Werk »Elemente« zusammengefasst hat.

Zum Glück stehen Euklids Werke in der Bibliothek und ich habe einen Schreiber damit beauftragt, sie für mich abzuschreiben. Ich möchte sie mit nach Syrakus nehmen.

Über den Menschen Euklid wissen wir nur sehr wenig. Auf der Abbildung oben ist er als Heiliger dargestellt. Vermutlich war er einer jener vergeistigten, zurückgezogen lebenden Professoren, die ihr Leben hauptsächlich dem Lehren und ihren Studien widmen.
Man weiß nur, dass er in Athen an der Akademie Platons studiert hat und dass er einer der ersten großen Philosophen war, die nach Alexandria auswanderten.
Die ersten sechs Bände seines Werks »Elemente« bilden die Grundlage für die gesamte, noch heute gültige Geometrie.
Euklid gelang unter anderem der Nachweis, dass es nur fünf Arten von regelmäßigen Körpern gibt, also solche, deren Seitenflächen gleich große, regelmäßige Vielecke sind.

7. AUF ENTDECKUNGSTOUR IM LEGENDÄREN MUSEUM

Ich habe mich mit dem Astronomen Aristarchos angefreundet, einem Kollegen meines Vaters. Er kommt von Samos, einer kleinen griechischen Insel im Ägäischen Meer, und kennt jeden Winkel des Museums. Aristarchos hat die Größe des Mondes und der Sonne sowie ihren Abstand von der Erde berechnet. Außerdem ist er davon überzeugt, dass die Erde um die Sonne kreist. Doch das sagt er nur hinter vorgehaltener Hand, denn diese Vorstellung ist selbst für das liberale Alexandria zu revolutionär.

Aristarchos hat mich mit Straton aus Lampsakos bekannt gemacht, einem Physiker, wie ihr sagen würdet. Straton sagt Dinge, die mich ins Grübeln bringen: Alle Elemente fallen nach unten, nur das Element Luft offensichtlich nicht, weil es leichter ist als die anderen.

Ich lerne auch Ktesibios und seinen Schüler Philon von Byzanz kennen. Die beiden bauen Statuen, die sich bewegen! Sie nennen sie »Automaten«. Diese können sogar Türen öffnen, sodass man keine Sklaven mehr braucht. Außerdem haben sie auch eine Wasserorgel gebaut, die mit Luftdruck arbeitet und hohe, feierliche Töne von sich gibt.

Im Museum kann ich auch den Anatomie-Saal besichtigen, wo tote Tiere und Menschen zu Forschungszwecken zerlegt werden. Aristarchos sagt, dass hier sogar schon zum Tode Verurteilte seziert wurden, die mit Schlafmitteln betäubt worden waren.

Im Chemielabor darf ich zuschauen, wie Metalle hergestellt werden. Eines davon sieht aus wie Gold, doch Aristarchos meint, es sei nur Messing, eine Mischung aus Kupfer und Zink. Bei Zeus! Es sieht wirklich fast wie Gold aus. Die Ägypter sind echt super!

Doch das Tollste, was ich im Museum von Alexandria entdeckt habe, sind kleine, pelzige Tiere, die ich noch nie zuvor gesehen habe. Im Museum wimmelt es von diesen fast lautlosen Vierbeinern, die bei den Ägyptern als heilige Tiere gelten. Man nennt sie Katzen.

Sie sind von großem Nutzen, sagt Aristarchos, weil sie die Mäuse von den wertvollen Papyrusrollen fern halten.

Im alten Ägypten gelten Katzen als heilig, da sie die Verkörperung einer uralten Gottheit darstellen. Über Jahrhunderte hinweg ist es streng verboten, Katzen zu töten oder außer Landes zu bringen.

Erst nach der Eroberung Ägyptens durch die Griechen wird dieses Verbot etwas gelockert und Katzenschmuggler werden weniger hart bestraft.

Auf griechischen Schiffen gelangen Katzen nach Athen, Süditalien und sogar bis nach Rom. Heute sind sie weltweit verbreitet.

8. WIEDER ZU HAUSE

Meine Reise nach Alexandria liegt nun schon einige Jahre zurück. Mit Geschenken für unseren König Hieron II. beladen, sind wir nach Hause zurückgekehrt. Doch den größten Nutzen aus dieser Reise habe meiner Meinung nach ich selbst gezogen.

Ich habe in Alexandria unglaublich viel gelernt. Im Museum habe ich viele neue Freunde gefunden und Lehrer kennen gelernt, die mir eine Menge Anregungen und neue Denkanstöße gegeben haben: Konon von Samos, Dositheos aus Pelusien, Eratosthenes von Kyrene ...
Deshalb fühle ich mich hier in Syrakus nun etwas einsam. Ich werde natürlich versuchen mit meinen gelehrten Freunden in Kontakt zu bleiben, weiß jedoch nicht, ob meine Briefe auch alle ankommen. Zu meiner Zeit ist die Post nicht sehr zuverlässig.

Wie in meinen Kindertagen zeichne ich Linien und Kurven in den Sand und mache unglaublich viele neue Entdeckungen. Mir geht es nicht wie vielen meiner Kollegen darum, Kreise »quadratisch« zu machen, sondern darum, sie zu vermessen. So definiere ich etwas, was bis in eure Zeit hineingelangen wird: den Wert der Kreiszahl π (Pi – das griechische P), den man braucht, um den Umfang und auch den Flächeninhalt von Kreisen zu berechnen.

Ich entdecke auch den Zusammenhang zwischen einer Kugel und dem sie umgebenden Zylinder.

Ich grüble oft stundenlang und stelle mir eine friedliche Welt vor, in der alles geometrisch ist und von der Harmonie der Musik und der Zahlen beherrscht wird. Manchmal bin ich so sehr in meine Gedanken versunken, dass ich ganz vergesse, dass ich auch in der realen Welt lebe.

Doch eines Tages bringt
König Hieron mich wieder
auf den Boden der Tatsachen zurück.

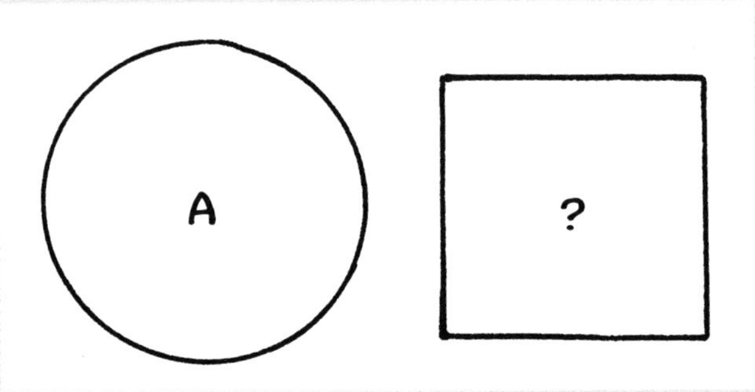

Die Quadratur des Kreises (sprich: aus einem beliebigen Kreis nur mit Lineal und Zirkel ein Quadrat mit genau demselben Flächeninhalt zu bilden) ist eines der Probleme, das den Philosophen der Antike schwer zu schaffen macht.
Archimedes löst das Problem zwar nicht geometrisch, aber rechnerisch mit dem Wert π, mit dessen Hilfe man den Flächeninhalt und den Umfang eines Kreises berechnen kann.
Natürlich erkannte nicht jeder Zeitgenosse von Archimedes, wie genial diese Zahl ist – König Hieron II. zum Beispiel wollte lieber wegen ganz anderer Dinge in die Geschichte eingehen.

9. DAS GRÖSSTE SCHIFF DER WELT

König Hieron mag mich fast wie einen leiblichen Sohn. Doch er möchte lieber, dass ich mich mit konkreteren Dingen beschäftige als mit Kreisen und Kegeln, die ich in den Sand zeichne. Als ich ihm voller Stolz von meinen geometrischen Entdeckungen erzähle, zuckt er nur mit den Schultern. Ihn interessieren ganz andere Dinge: Paläste, Befestigungsanlagen und vor allem Schiffe.

Bei uns in Syrakus wurden schon immer großartige Schiffe gebaut. Doch nun hat Hieron sich in den Kopf gesetzt das größte Schiff der Welt bauen zu lassen. Er will es zum Zeichen seiner Freundschaft König Ptolemaios und dem Ägyptischen Reich schenken. Es soll *Syrakusia* heißen. An Bord befindet sich alles, was man von einem Luxusschiff erwarten kann: ein Theater, Säle für Bankette ...

Das Schiff soll 3.000 Registertonnen wiegen und mit drei Masten und Ruderreihen für hunderte von Rudersklaven ausgestattet werden.
Tausende von Sklaven und Handwerkern sind mit dem Bau beschäftigt. Doch dann wird das Schiff so groß, dass die Leute sagen, nichts und niemand könne es mehr von der Stelle bewegen, an der es erbaut wurde.
Ich denke kurz nach und schon fällt mir die Lösung ein! Man muss das Schiff nur an ein Seil binden und dieses über mehrere Rollen legen. Und schon gleitet die *Syrakusia* langsam, aber sicher und unter dem Applaus und Jubel der Zuschauer ins Wasser.

Fortan wird König Hieron mir nicht mehr in meine Studien dreinreden. »Dieser Archimedes bringt wirklich alles fertig!«, wird er anerkennend sagen.

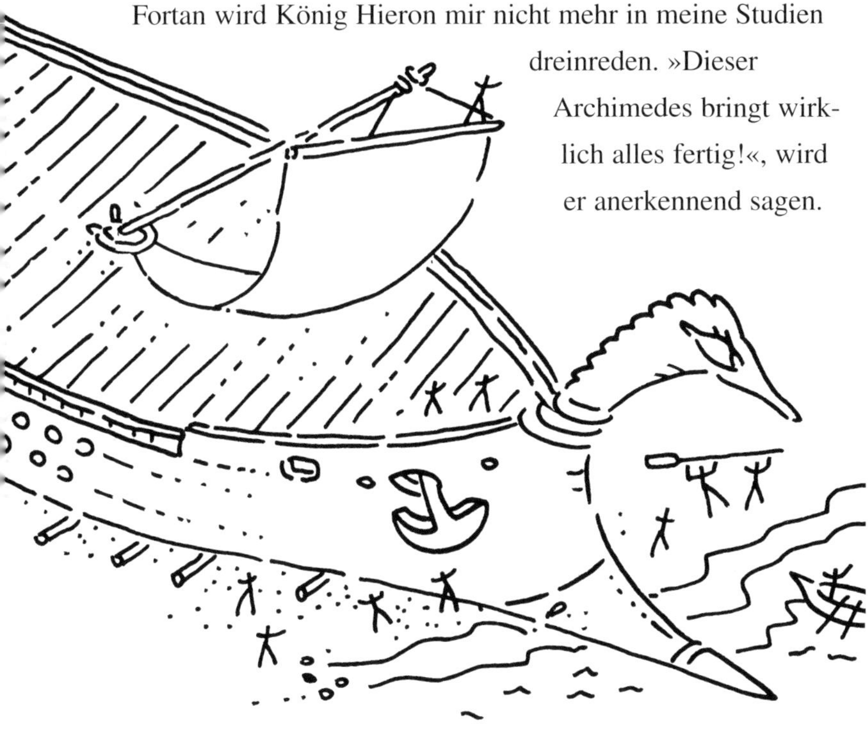

Sehr viele Anekdoten über Archimedes verdanken wir dem römischen Architekten und Schriftsteller Vitruv, der in der Zeit um Christi Geburt lebte. In seiner Abhandlung De Architectura libri decem *spricht er ausführlich über die von Archimedes entdeckten Gesetze. Sein Werk wird für die Architekten und Künstler der Renaissance von großem Nutzen sein.*

Vitruv erzählt die Geschichte der Syrakusia *und vermutet, dass das gewaltige Schiff mit einem System komplizierter Flaschenzüge von der Stelle bewegt wurde, einer Konstruktion aus Seilen und Rollen, mit der man mit wenig Kraft große Massen bewegen kann.*
Allerdings ist sich die Nachwelt nicht einig, was für eine Konstruktion Archimedes genau benutzt hat. Vielleicht war es ein Flaschenzug in Kombination mit einer Vielzahl von Rollen, vielleicht aber auch eine Art Getriebe, das von einer Schraube bewegt wurde. Doch was immer es auch war: Bei dieser Gelegenheit sagt Archimedes einen Satz, der in die Geschichte eingehen soll.

10. GEBT MIR EINEN FESTEN PUNKT ...

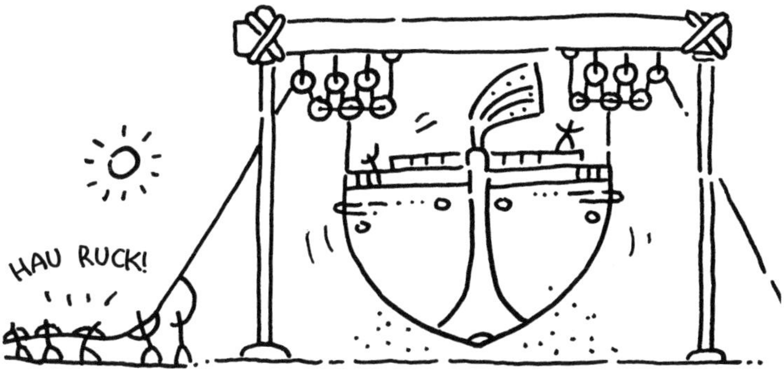

»Gebt mir einen festen Punkt außerhalb der Erde, und ich hebe die Welt aus den Angeln.«

Das habe ich beim Stapellauf der *Syrakusia* zu König Hieron gesagt. Dass ihn meine Erkenntnisse in der Mathematik und Geometrie so kalt lassen, ärgert mich schon ein bisschen!

Dieser Satz geht von Mund zu Mund und wird berühmt, zuerst unter den Syrakusern, dann in Griechenland und schließlich in der ganzen Welt.

Mit dem von mir und ein paar äußerst geschickten Handwerkern entwickelten Flaschenzug habe ich einen Mechanismus erschaffen, mit dem man auch die größten Lasten heben kann.

Mein Flaschenzug, mit dem ich die *Syrakusia* von der Stelle gehievt habe, wird so berühmt, dass ihn sogar die Ärzteschaft übernimmt. Man benutzt ihn noch in eurer Zeit, um Knochenbrüche und Verstauchungen zu behandeln, indem der Fuß oder das eingegipste Bein hochgehalten wird. Wenn ihr in einem Film seht, wie das Gipsbein eines Patienten mit Gewichten und Rollen hochgehalten wird, könnt ihr an mich denken. Diese Erfindung stammt von mir.

Alle Welt verbindet meinen Satz allerdings hauptsächlich mit dem Hebelprinzip.
Vielleicht weil jeder – auch ein Dickschädel wie König Hieron – kapiert, wie ein Hebel funktioniert.

JE WEITER MAN VOM DREHPUNKT ENTFERNT IST, DESTO GRÖSSERE LASTEN KANN MAN HEBEN.

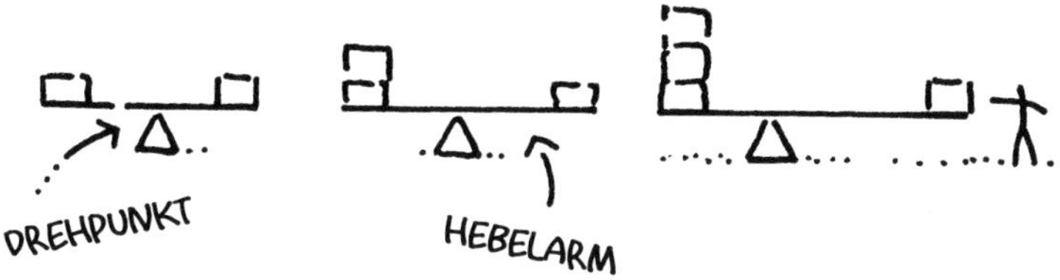

Erfunden habe ich den Hebel natürlich nicht, er wird schon länger genutzt. Das eigentlich Neue ist, dass ich das Hebelprinzip entdeckt und als Erster definiert habe. Ich habe formuliert, dass man mit einem sehr langen Hebelarm nur sehr wenig Kraft aufwenden muss, um schwere Lasten zu heben.

In der Praxis bedeutet das, dass man auch mit einem einfachen Hebel bei ausreichender Entfernung vom Drehpunkt und mit einem festen Schwerpunkt rein theoretisch ...

Der Hebel ist eine einfache »Maschine«, bestehend aus einem Stab, den man auf einen festen Punkt aufsetzt (nämlich den, von dem Archimedes spricht) und mit dem man Lasten bewegen kann.
So sind z. B. Waage, Schere oder Zange Geräte, bei denen das Hebelgesetz genutzt wird.

Der »mehrfache Flaschenzug« ist ein System aus festen und beweglichen Rollen. Genau wie der Hebel erlaubt er es, mit geringem Kraftaufwand schwere Lasten zu heben.

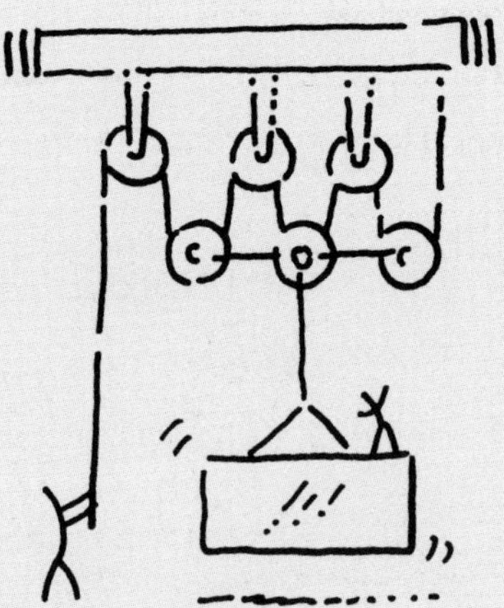

11. TAUSEND IDEEN IM KOPF

Ich werde von allen geschätzt und geachtet.
Ich habe viel freie Zeit und Ruhe, um nach Lust und Laune zu studieren und nachzudenken.

Das nutze ich, um verschiedene, zum Teil recht ungewöhnliche Theorien zu beweisen, zum Beispiel jene, dass das Wasser der Ozeane so um die Erdoberfläche liegt, dass daraus eine perfekte Kugel entsteht.

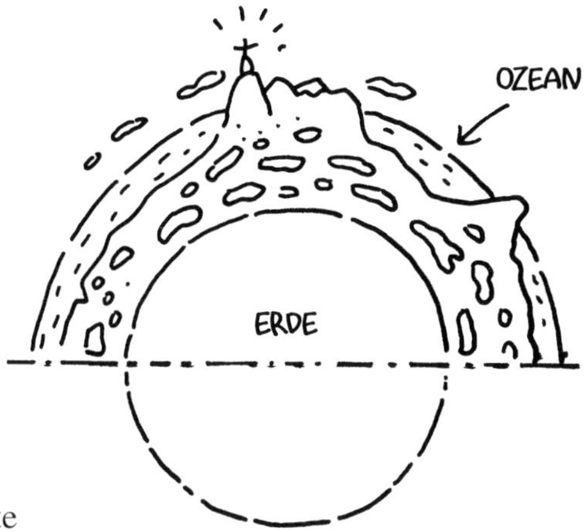

Ich schreibe ein Buch, in welchem ich so tue, als könnte man die Sandkörner zählen, die notwendig wären, um das Universum zu füllen, und beweise damit, dass Zahlen unendlich groß sein können und man vor ihnen keine Angst zu haben braucht …

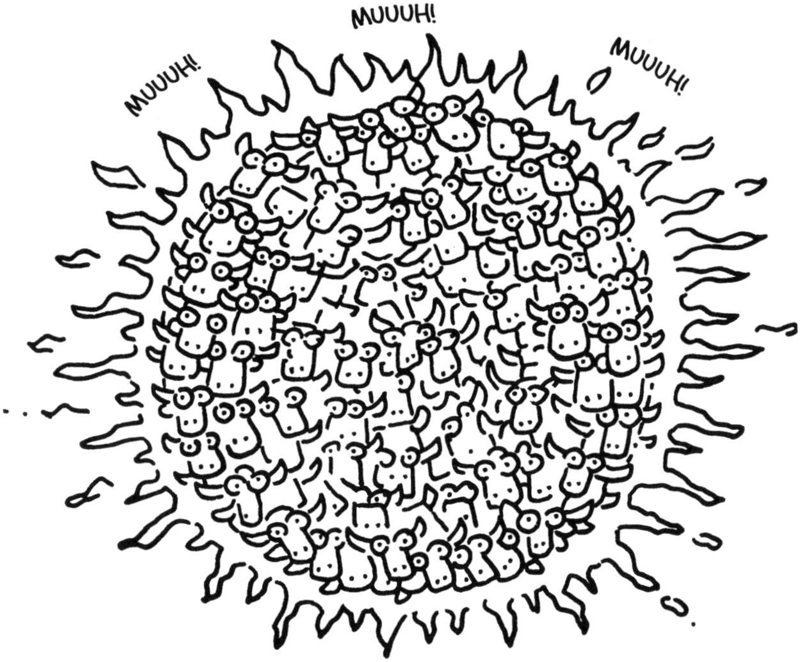

Ich stelle auch eine komplizierte Rechnung auf, in der ich ermitteln will, wie viele Rinder der Sonnengott Helios besitzt. Auf diese Weise will ich die Menschen auffordern, bis auf 200 Millionen zu zählen – eine zu meiner Zeit geradezu unvorstellbare Zahl. Dadurch will ich beweisen, dass die Zahlen praktisch unendlich sind.

Ich ermittle den Schwerpunkt verschiedener geometrischer Körper, womit ich den Nachweis erbringe, dass Geometrie und Physik stark miteinander verknüpft sind.

Ich definiere Spiralen, Konoide und viele weitere geometrische Figuren.

Es macht mir auch einen Heidenspaß, wissenschaftliche Scherze zu machen:
Ich erfinde einige (falsche) Lösungen für unmögliche Lehrsätze und schicke sie meinen Kollegen, um zu sehen, wie sie darauf reagieren.

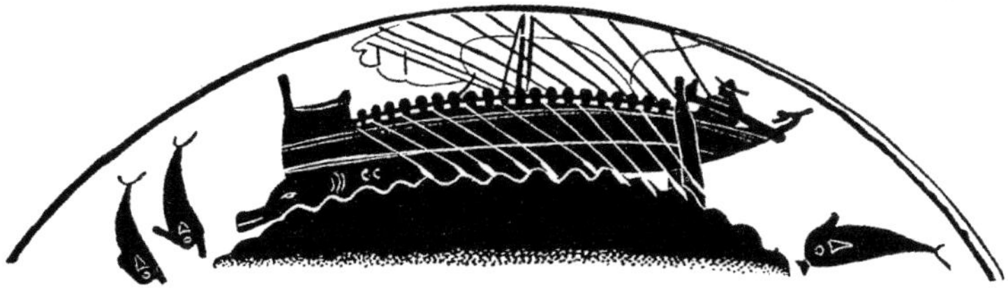

Archimedes macht es großen Spaß, sich mit geometrischen und physikalischen Theorien zu beschäftigen. Doch er findet auch Antworten auf viele praktische Fragen seiner Zeit, zum Beispiel, auf welche Weise und wieso Schiffe auf dem Wasser schwimmen oder warum sie leichter auf Salzwasser schwimmen als auf Süßwasser.
Für die seefahrenden Völker werden Archimedes' Entdeckungen von unschätzbarem Nutzen sein.

12. HEUREKA! HEUREKA!

König Hieron II. ist sehr zufrieden mit sich. So zufrieden, dass er sich eine brandneue Krone gönnen will – um sie den Göttern zu weihen, sagt er. In Wirklichkeit will er damit nur seinen Dickkopf schmücken.
Jedenfalls hat er seinem Goldschmied etliche Goldbarren übergeben. Und er hat eine Krone mit demselben Gewicht zurückerhalten ... Er hat sie betrachtet, lange hin- und hergedreht und dann kam ihm ein fürchterlicher Verdacht: Ein Teil des Goldes wurde durch Silber ersetzt.
Der Goldschmied leugnet und sagt, er habe das ganze Gold verarbeitet, das er bekommen hat. Doch alle Welt ist davon überzeugt, dass er einen Teil des Goldes abgezwackt und König Hieron betrogen hat.

König Hieron braucht wieder einmal meine Hilfe. Ich soll den Betrug aufdecken, doch er möchte nicht, dass ich die Krone wieder einschmelze, denn sie ist wirklich ein schön gearbeitetes Stück. Ich zerbreche mir stundenlang den Kopf, aber ich komme nicht weiter. Doch am nächsten Morgen, als ich im Badehaus in die Wanne steige, kommt mir bei einem ganz alltäglichen Anblick ein genialer Gedanke: Je tiefer ich ins Wasser eintauche, desto mehr steigt das Wasser in der Wanne an … logisch! Und schon habe ich die Lösung! Ich bin so glücklich über meinen Einfall, dass ich aus der Wanne springe und tropfend und splitterfasernackt zu König Hieron renne und etwas rufe, das später weltberühmt werden soll: Heureka! Heureka! (Ich hab's entdeckt! Ich hab's entdeckt!)

Ich bitte König Dickkopf, pardon – Hieron natürlich, mir ein Stück Gold und ein Stück Silber zu geben, die beide dasselbe Gewicht wie die Krone haben.

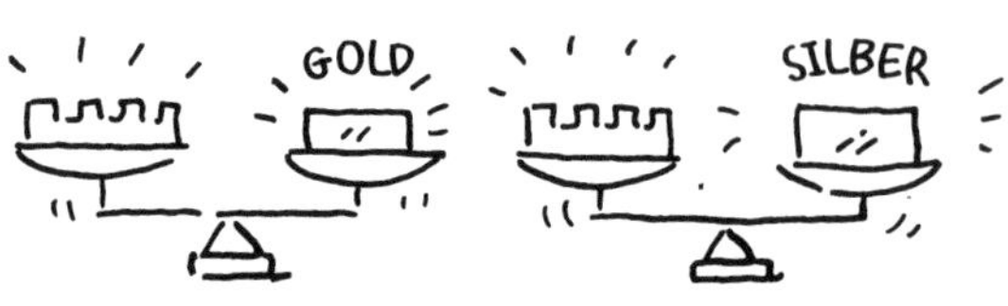

Ich tauche beide Barren in bis zum Rand gefüllte Schalen und fange das abfließende Wasser auf. Silber hat ein größeres Volumen als Gold, deswegen verdrängt der Silberbarren mehr Wasser als der Goldbarren, obwohl sie dasselbe Gewicht haben. Doch die Krone verdrängt nicht dieselbe Menge Wasser wie der Goldbarren, sondern etwas mehr, wenn auch nicht so viel wie der Silberbarren.

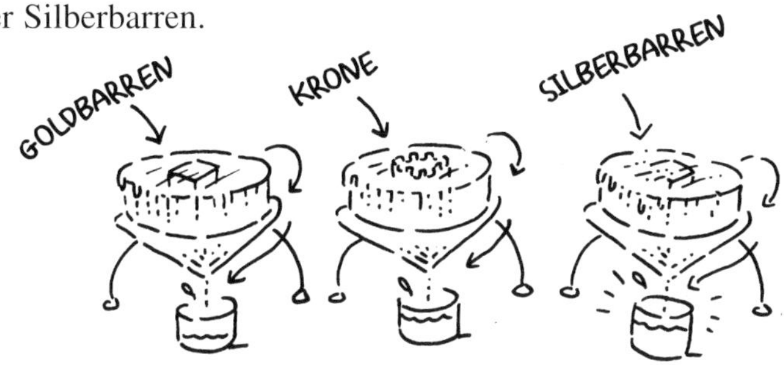

Auf diese Weise beweise ich, dass die Krone nicht komplett aus Gold bestehen kann. Und ich kann auch berechnen, wie viel Silber bei der Herstellung der Krone dem Gold beigemischt wurde.

Klar, jetzt werdet ihr mich sicher fragen, was aus dem betrügerischen Goldschmied geworden ist. Ich habe ihn nach diesem Vorfall nicht mehr gesehen, aber es ist leider allgemein bekannt, dass man in den Bergwerken rund um die Stadt immer neue Sklaven brauchen kann.

Die Anekdote um die Krone von König Hieron II. wird immer mit Archimedes' Entdeckung der Gesetze der Hydrostatik in Verbindung gebracht: Wenn man einen Körper in eine Flüssigkeit taucht, gibt es einen so genannten Auftrieb, eine Kraft, die den Körper an die Oberfläche drückt. Ein Körper wird also leichter, wenn man ihn ins Wasser taucht. Dieses Prinzip lässt Schiffe schwimmen.

13. EINE REISE ZUR BELOHNUNG

Hurra! Ich bin wieder in Alexandria!
Unser Schiff wird von einer jubelnden Menschenmenge empfangen. Ich bin unter den Botschaftern, die König Hieron mit seinem riesigen Schiff ausgesandt hat. Wir haben dem König von Ägypten Statuen, Edelsteine, Amphoren mit Wein, Tanzsklavinnen und Musikantensklaven mitgebracht.

König Ptolemaios III., der Sohn des letzten Königs, ist begeistert von dem riesigen Schiff, das Hieron ihm geschenkt hat. Doch er tauft es sofort von *Syrakusia* in *Alexandreia* um, nach seiner Stadt. Himmel, diese Tyrannen sind wirklich eigenartig!

Die *Syrakusia* ist tatsächlich ein außergewöhnliches Schiff. Doch unterwegs gerieten wir mitten auf hoher See in einen Sturm, und

jede Menge Wasser drang in das Schiff ein.

Doch auch dieses Problem wurde dank einer meiner Erfindungen gelöst: der Wasserschnecke!

In kürzester Zeit konnten wir den Laderaum wieder trocken machen. Und liefen tatsächlich ganz nach Plan in Alexandria ein.

Nachdem wir dem König die *Syrakusia* und die weiteren Geschenke übergeben haben, können wir uns in aller Ruhe Ägypten anschauen.
Auf einem kleinen Boot erforsche ich das Nildelta und besuche mehrere Städte und Dörfer dieses wunderbaren Landes. Und ich entdecke eine Menge Neues!

Ich werde damit beauftragt, ein großes Problem Ägyptens zu lösen: die Bewässerung. Wie kann man das Wasser des Nils an Land leiten, um dieses fruchtbar zu machen?
Ich löse dieses Problem mit meiner Wasserschnecke, die sich schon an Bord der *Syrakusia* bewährt hat. Sie findet in ganz Ägypten große Verbreitung.

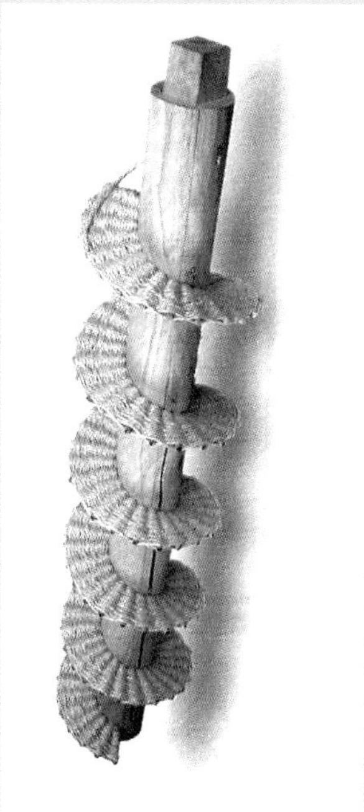

Die Förderschnecke, auch »Archimedische Schraube« genannt, ist eine korkenzieherartige, riesige Schraube in einer genau passenden, schräg liegenden Röhre, deren unteres Ende sich im Wasser befindet. Dreht man die Schraube, so zieht sie Wasser hinauf und befördert es so auf eine höhere Ebene. Verbesserte Ausführungen dieser Maschine werden noch heute – natürlich mit einem Motor – verwendet, um Flüssigkeiten oder sonstige Substanzen von einer Ebene auf die andere zu befördern: Öl, Getreide, Mehl, Zementpulver. Sie ist eine der ältesten Transportmaschinen der Welt. In einigen Ländern wird sie noch heute mit der Handkurbel oder mit den Füßen angetrieben.

14. MUSIK UND STERNE

Der Frieden ist etwas Tolles, Leute! Die Römer haben Frieden mit Karthago geschlossen und Syrakus unterhält gute Beziehungen zu beiden Mächten und auch den anderen Mittelmeerstaaten. Ich bin wieder zu Hause und habe die nötige Zeit und Ruhe, um über neue Dinge nachzudenken und zu forschen. Ich habe ein Planetarium gebaut, das größte Gerät dieser Art, das es bisher gibt. Es besteht aus glänzenden Kugeln aus Glas, Silber und Gold, die sich um den Betrachter drehen und die Bewegungen der Sonne, des Monds und der Sterne nachbilden.

Astronomen und Neugierige kommen sogar aus fernen Ländern, um mein Planetarium zu bewundern – so berühmt bin ich inzwischen. Doch ich gebe zu, dass es wirklich sehenswert ist und zum Nachdenken anregt. Ich werde noch immer von den Zweifeln meiner Kindertage geplagt. Hat Aristoteles Recht oder mein Freund Aristarchos? Steht die Erde unbeweglich im Mittelpunkt des Universums oder dreht sie sich um die Sonne? Diese Frage stelle ich mir immer wieder. Wer weiß, wenn ich sehr alt werde, ist es mir vielleicht vergönnt, dies eines Tages herauszufinden.

Doch auf meine Besucher warten noch weitere Überraschungen. Sie können auch meine Uhr bewundern, die mit Wasser funktioniert. Das habe ich meinem Freund Ktesibios aus Alexandria abgeguckt.
Meine Besucher hören auch eine himmlische Musik. Sie kommt von meiner Wasserorgel, die ich ebenfalls nach den Anweisungen Ktesibios', meines Lehrmeisters in Sachen Wasserbau, konstruiert habe. Darin wird Luft mit Hilfe von Wasser zusammengepresst. Ist die Orgel einmal in Gang gesetzt, muss man nichts weiter tun und sie spielt wie durch Zauberhand.

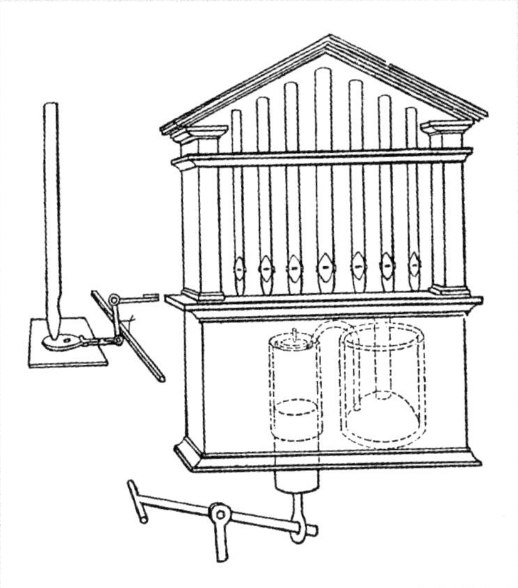

Einer der großen Lehrmeister von Archimedes auf dem Gebiet des Werkzeugbaus ist Ktesibios aus Alexandria. Ktesibios war ursprünglich ein Barbier. Er wurde aus Athen verbannt und ging nach Alexandria. Dort erfand er eine Reihe interessanter Geräte, so die Wasserorgel und die Druckpumpe. Zu seinen kuriosesten Erfindungen zählt ein singendes Füllhorn, das ebenfalls mit Wasser funktioniert, eigens gebaut für eine Statue, die König Ptolemaios II. in Auftrag gegeben hat.
Seinen Ruhm verdankt Ktesibios jedoch vor allem seinen Kriegsmaschinen, besonders den Bronzefeder-Katapulten.

15. ES DROHT KRIEG!

Hieron II. wurde schwer krank und ist gestorben. All seine Untertanen trauern um ihn. Doch er war schon sehr alt, obwohl man es ihm eigentlich nicht ansah. Insgeheim nannte ich ihn immer König Dickkopf, doch auch ich bin sehr traurig über seinen Tod, weil er fast wie ein Vater zu mir war.

Während seiner Regierungszeit gelangte unsere Stadt zu großem Wohlstand, denn es herrschte Frieden. Sein Nachfolger wird im Jahre 215 vor eurer Zeitrechnung der junge Hieronymus, ein Enkel von Hieron II. Er ist gerade einmal 15 Jahre alt! Da habe ich doch meine Bedenken. Und tatsächlich – kaum ist dieser junge Heißsporn an der Macht, schon verschlechtert sich alles.

Der Königspalast, der unter König Hieron II. ein heiterer Ort war, ist nun eine Stätte von bösen Intrigen, Komplotten und hässlichen Streitereien. Hieronymus rüstet für einen Krieg gegen eine Stadt, die bis vor kurzem noch mit uns verbündet war: Rom. Dafür verspricht ihm Karthago die Herrschaft über ganz Sizilien. Doch Hieronymus wird ermordet.

Es kommt für kurze Zeit zu einer Demokratie, bis die Partei der Karthago-Anhänger erneut die Macht an sich reißt. Epikydes und Hippokrates, Agenten des großen Hannibal, des bedeutendsten Heerführers der Karthager, übernehmen die Kontrolle in der Stadt.

Die Römer verlieren die Geduld und schicken ein Heer, das unsere Stadt einnehmen soll. Angeführt wird es von Konsul Marcellus, einem großen und gefürchteten Feldherrn.
Diese neueste Entwicklung gefällt mir gar nicht. Was mich interessiert, sind nach wie vor Geometrie und Mathematik und zudem habe ich nicht nur in Alexandria Freunde, sondern auch in Karthago und in Rom. Daher bin ich auf Krieg nicht scharf. Doch Syrakus ist und bleibt meine Heimat. Wenn sie von den Römern erobert wird, wird nichts mehr so sein wie zuvor. Wir werden ausgeplündert und unterjocht werden. Deshalb beschließe ich meine Stadt zu verteidigen … und dafür all mein Wissen einzusetzen.

So sah Hannibal aus, der große Feldherr von Karthago. Er spielt eine bedeutende Rolle im so genannten Zweiten Punischen Krieg (218-201 v. Chr.) zwischen Rom und Karthago. Als Anführer eines Heers, zu dem sogar Elefanten gehören, besiegt er die Römer mehrmals auf deren eigenem Territorium. Erst nach der letzten, katastrophalen Niederlage (in der Schlacht von Cannae im Jahre 216 v. Chr.) gehen die Römer zum massiven Gegenangriff über.

Die Punier, sprich die Karthager und ihre Verbündeten, erleiden schließlich eine gewaltige Niederlage. Karthago kapituliert und wird dem Erdboden gleichgemacht. Doch auf dem Weg der Römer nach Nordafrika liegt Syrakus, eine Stadt von enormer strategischer Bedeutung.

16. DIE VERTEIDIGUNG VON SYRAKUS

Ich kenne jeden Stein von Syrakus, weiß genau, wie hoch alle Türme sind, wo sich die Schießscharten befinden, wie tief das Wasser im großen und im kleinen Hafenbecken ist. Ich kenne jeden Felsen unterhalb der Stadtmauern von Ortigia, wo sich der Königspalast und die wichtigeren Tempel befinden. Ich weiß, wie man die Landenge, die Ortigia mit dem Festland verbindet, uneinnehmbar machen kann. Ich weiß, wie man Acradina, den am Meer gelegenen Stadtteil, sowohl zum Meer als auch zum Festland hin schützen kann. Ich gebe den Heerführern des Landheeres und der Flotte nützliche Ratschläge, doch in erster Linie kümmere ich mich darum, dass die in früheren Jahren gebauten Kriegsmaschinen in bestem Zustand und einsatzfähig sind.

König Hieron war ein vorausschauender Mann. »Wenn du Frieden willst, bereite dich auf den Krieg vor«, pflegte er zu sagen – eigentlich der Wahlspruch der Römer. Ich habe ihm diesen Wunsch erfüllt.

Die Katapulte und Pfeilabschussmaschinen sind an ihren Plätzen aufgestellt worden.

Die beweglichen Krallen wurden bereitgestellt.

Die Schwenkkräne
befinden sich an
ihren Standorten.

Meine »Brennspiegel« glänzen
und schimmern ...

Konsul Marcellus, Anführer der Flotte und des römischen Heers, ahnt noch nicht, was ihn erwartet. Er fühlt sich überlegen. Um die steil ins Meer abfallenden Stadtmauern zu erklimmen, hat er eine bewährte Waffe dabei: die »Sambuca«, eine riesige Sprossenleiter, die zwischen zwei Kriegsschiffen errichtet wird. Wenn die Legionäre mit ihren Schilden hinaufklettern, wird diese Leiter zu einer eisernen Mauer …

17. ÄTSCH, IHR RÖMER!

Konsul Marcellus befiehlt einen Angriff auf die übliche Art und Weise – so, dass die Sonne seinen Mannen im Rücken steht, wodurch die Verteidiger – sprich wir Syrakuser – von der Sonne geblendet werden.

Die römischen Schiffe nähern sich den Stadtmauern von Syrakus. Zwei der Schiffe haben bereits die berühmt-berüchtigte »Sambuca« gebildet. Doch auf diesen Moment haben wir nur gewartet!

Ein gewaltiger Felsbrocken donnert gegen die Sprossenleiter und all die Soldaten, die bereits daran hochklettern.

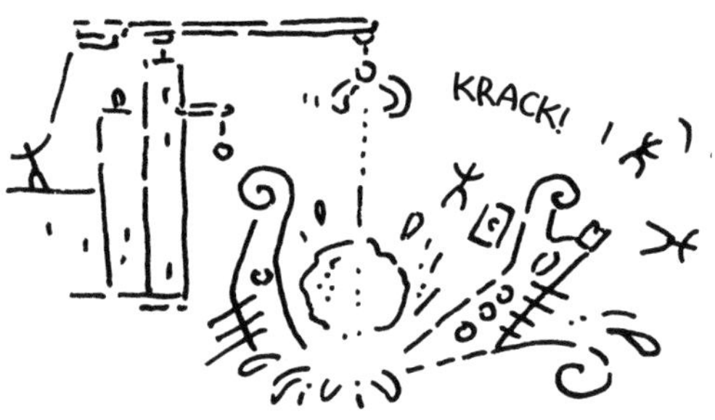

Die Kräne lassen einen Hagel von Steinen auf die Römer hinuntersausen und werden rasch mit neuen Geschossen geladen.

Weitere Schiffe werden von den mechanischen Krallen gepackt oder von den vielen, unter der Wasseroberfläche versteckten Hebeln und Fallen umgeworfen.

Die Strahlen der Sonne, die eigentlich unseren Angreifern zugute kommen sollten, werden von meinen Spiegeln gebündelt und zum Feind zurückgeworfen.

Geschosse aller Art stürzen auf die feindlichen Schiffe ein. Ein Schiff nach dem anderen fängt Feuer und geht unter. Für die Römer wird es eine Niederlage bisher unbekannten Ausmaßes.

Da Archimedes auch optische Studien betrieb, hat die Tatsache, dass die römischen Schiffe Feuer fingen, viele spätere Autoren davon überzeugt, dass Syrakus in dieser Schlacht »Brennspiegel« eingesetzt hat, die das Sonnenlicht nicht nur reflektierten, sondern zugleich auch derart intensiv bündelten, dass auch weit entfernte Schiffe in Brand gesetzt wurden.
In späterer Zeit haben viele Forscher versucht solche Spiegel nachzubauen, doch es ist ihnen nicht gelungen. Daher weiß man immer noch nicht, wie Archimedes' Brennspiegel ausgesehen haben oder ob es sie überhaupt gegeben hat.
Mit den heutigen Kenntnissen kann man jedoch sehr große Solaröfen bauen. Und es gibt inzwischen auch Spiegel, die im Weltraum kreisen und die Sonnenstrahlen auf einen bestimmten Punkt der Erdoberfläche lenken können ...

18. DAS ENDE NAHT

Die Römer geben sich jedoch noch nicht geschlagen. Ich weiß nicht, wie lange wir ihren Angriffen noch standhalten können. Wir haben schon so viele ihrer Schiffe in Brand gesetzt, doch es kommen immer weitere nach.

Die Belagerung Trojas dauerte zehn Jahre. Wir hier in Syrakus werden nun schon seit zwei Jahren von den Römern belagert und auch ihre Verbündeten haben sich inzwischen um unsere Stadt geschart. Und auch viele unserer traditionellen Feinde.

Konsul Marcellus war derweil nicht untätig. Auf dem Meer schlug er die Karthager, die uns zu Hilfe eilen wollten, wenig später besiegte er auf dem Land unser griechisches Heer … Wir bräuchten dringend noch ganz andere Waffen, um sie aufzuhalten. Selbst meine besten Erfindungen reichen nicht mehr aus!

Trotzdem wird in unserer Stadt gefeiert. Die Syrakuser feiern die Göttin Artemis, die Göttin des Vollmonds, der Ernte und der Fruchtbarkeit. Hoffen wir, dass sie sich erweichen lässt uns beizustehen!

Offenbar hat in diesen Tagen niemand Angst vor einem erneuten Angriff. Unsere Abwehrwaffen sind in Ordnung. Doch es stehen nur wenige Soldaten bereit

und diese lassen sich von den Feierlichkeiten ablenken.

Ich gehe nach Hause und schaue nach meinem Planetarium, meiner Wasserorgel, meiner Bibliothek und meiner Wasseruhr. Alles scheint ruhig.
Ich gehe wieder ins Freie und beginne im Sand zu zeichnen.

Der Überfall, der Syrakus' Schicksal besiegelte, kam unerwartet und war verheerend. Dabei wollte Konsul Marcellus Syrakus

nicht restlos vernichten. Er hatte auch strenge Anweisungen gegeben, Archimedes' Leben zu schonen, dessen Genie er bewunderte. Doch seine Verbündeten, die unterhalb der Stadtmauern so manche Schlappe hatten einstecken müssen, fielen über die Stadt her und machten sie dem Erdboden gleich.

Während Syrakus schon brannte – so erzählt die Legende – stieß ein römischer Legionär auf Archimedes, der hochkonzentriert dasaß und Kreise und andere geometrische Figuren in den Sand zeichnete. Mit gezücktem Schwert fragte ihn der Legionär, wer er sei.
»Noli turbare meos circulos« – »Störe meine Kreise nicht«, soll Archimedes geantwortet haben. Darauf erstach ihn der Römer.

Archimedes' Planetarium wurde abgebaut und als Kriegsbeute nach Rom gebracht, ebenso wie seine Wasserorgel, seine Wasseruhr und seine Bücher.

Archimedes' Grabmal wurde mit einer Figur geschmückt, die an seine Erkenntnisse über das Volumen und die Oberfläche von Kugel und Zylinder erinnern – genau wie er es sich gewünscht hatte. Im Laufe der folgenden Jahrhunderte geriet sein Name mehrmals in Vergessenheit, wurde aber immer wieder neu entdeckt.

Inzwischen gehören die Geschichte des Archimedes und seine Erkenntnisse zur Allgemeinbildung. Seine phantasievollen Kriegsmaschinen geben noch heute viel Anlass zur Spekulation.
Doch es sind vielmehr seine »friedlichen« Entdeckungen, die vieles bewegen, was in der Welt funktioniert. Sie haben die Grundlage für spätere Erfindungen geliefert, die aus unserer Welt nicht mehr wegzudenken sind. Durch sie bleibt Archimedes' Name auf ewig lebendig.

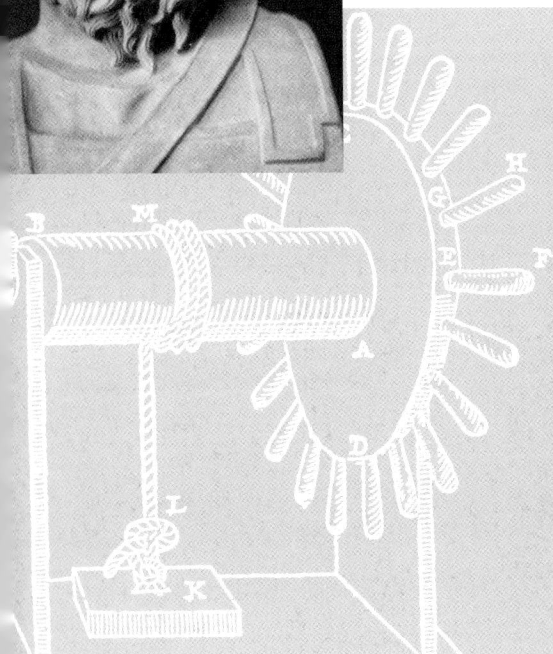

C
H
G
M
E
F
A
D
L
K

KLEINES WÖRTERBUCH

ALCHEMIE

Alchemie bedeutet »Vermengung«. Diese alte Naturphilosophie ist quasi der Vorläufer der heutigen Chemie. Die Alchemie beruhte auf den Techniken und dem zum Teil etwas magisch angehauchten Wissen, die bei dem Versuch erworben wurden, aus weniger edlen Metallen Gold herzustellen. Die Wiege der Alchemie lag in Ägypten und sie wurde in den Werkstätten im Museum von Alexandria fast wissenschaftlich betrieben. Bei dem (vergeblichen) Versuch, reines Gold herzustellen, erfanden die Alchemisten im Laufe der Jahrhunderte viele nützliche Dinge wie Messing, Alkohol oder Porzellan.

ALEXANDER DER GROSSE (356–323 V. CHR)

Sohn des makedonischen Königs Philipp II., Schüler des Aristoteles. Er eroberte zuerst Griechenland, dann Kleinasien, Syrien, Ägypten und Persien und zog auch ins ferne Indien. Er starb, als er erst 32 Jahre alt war. Obwohl er noch so jung war, hatte er ein riesiges Reich gegründet.

ALEXANDRIA

Diese ägyptische Stadt wurde im Jahre 332 v. Chr. von Alexander dem Großen gegründet und ist heute eine der wichtigsten Hafenstädte im östlichen Mittelmeer. Aus der hellenistischen Epoche ist jedoch nur wenig erhalten. Die legendäre Bibliothek wurde mehrmals zerstört und schließlich im Laufe vieler Kriege dem Erdboden gleichgemacht.

Dank eines Projekts der UNESCO und der ägyptischen Regierung gibt es sie heute wieder in moderner Form. Sie kann jederzeit unter *www.bibliothek-alexandria.de* besucht werden.

ARCHIMEDISCHER PUNKT

Ein gedachter fester Punkt außerhalb der Erde, den Archimedes mit seinem berühmten Ausspruch meinte: »Gebt mir einen festen Punkt außerhalb der Erde und ich hebe die Welt aus den Angeln.«

ARCHIMEDISCHES PRINZIP

Es besagt, dass ein in eine Flüssigkeit getauchter Körper einen Auftrieb besitzt, welcher der Gewichtskraft der verdrängten Flüssigkeit entspricht.

ARISTARCHOS VON SAMOS (ETWA 310–230 V. CHR.)

Er berechnete die Entfernungen Erde – Sonne und Erde – Mond sowie die Größe von Sonne und Mond. Zudem behauptete er, dass die Erde um die Sonne kreist und nicht umgekehrt! Doch dies wurde allgemein abgelehnt, denn nach Meinung seiner Kollegen hätte das die Ruhe der Götter gestört.

ARISTOTELES (384–322 V. CHR.)

Philosoph und Naturforscher, Erzieher von Alexander dem Großen und Gründer des berühmten Lykeions in Athen. Sein Gedankengut beeinflusste – im Guten wie im Schlechten – die Wissenschaften und die Wissenschaftler viele Jahrhunderte lang.

AUTOMATEN

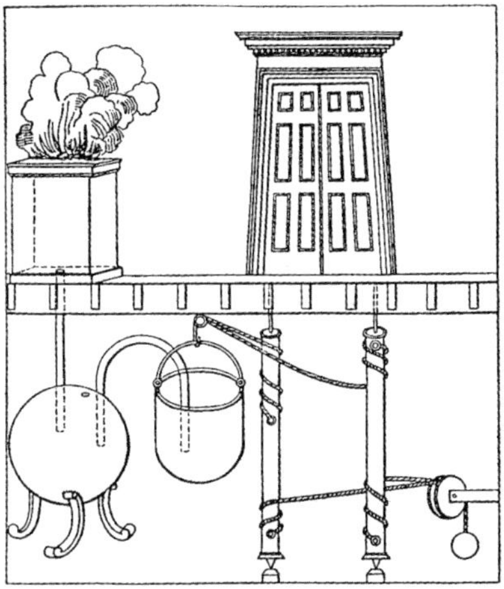

Sie waren die Vorläufer der heutigen Roboter. Die Maschinen, die im Museum von Alexandria gebaut wurden, funktionierten mit Wasser, Sand oder Gegengewichten. Spätere Exemplare, wie die hier abgebildete Tempeltür, arbeiteten schon mit Dampf.

BIBLIOTHEK

Büchersammlung. Bei den »Büchern« in der Bibliothek von Alexandria handelte es sich um eine beeindruckende Sammlung von Papyrusrollen (über eine halbe Million), alle von Hand geschrieben, die in Gefäßen oder Lederfutteralen aufbewahrt wurden.

BRENNSPIEGEL

Sammel- oder Hohlspiegel, welcher die Sonnenstrahlen im Brennpunkt konzentriert. So mächtige Brennspiegel, wie man sie Archimedes nachsagt, hat man schon oft versucht nachzubauen. Doch auch mit der heutigen Technik bräuchte man riesige reflektierende Oberflächen, um über große Entfernungen hinweg gute Ergebnisse zu erzielen. Ob Archimedes in der historischen Schlacht von Syrakus funktionierende Brennspiegel eingesetzt hat und wie sie aussahen, ist bis heute ein Geheimnis.

DIONYSIOS I. (ETWA 430–367 V. CHR.)

Tyrann von Syrakus, der einige Jahrzehnte vor Archimedes lebte. Er war ein Kriegstreiber und sehr grausam, sodass er seinen Untertanen nicht in sehr guter Erinnerung blieb.

DREHPUNKT

Fest stehender Punkt einer Achse, auf welcher ein Hebel aufliegt.

ERATOSTHENES VON KYRENE (3. JAHRHUNDERT V. CHR.)

Ein sehr umfassend gebildeter Wissenschaftler, der mit Archimedes befreundet war und mit ihm im Briefwechsel stand. Er berechnete mit erstaunlicher Genauigkeit den Erdumfang.

EUKLID (3. JAHRHUNDERT V. CHR.)

Griechischer Mathematiker aus Alexandria. Er fasste das Wissen seiner Zeit sowie seine Erkenntnisse in dem dreizehn Bände umfassenden Lehrbuch »Elemente« zusammen, dem ersten richtigen Werk über die Geometrie. Auf Euklids Arbeiten basiert ein Großteil der modernen Mathematik. Über den Menschen Euklid wissen wir leider nichts.

FLASCHENZUG, EINFACHER

Auch »feste Rolle« genannt. Drehbare Rolle, die sich um eine feste Achse bewegt. Die Rolle hat eine Rille, in der das Seil verläuft. An einem Ende des Seils wird die Last befestigt, am anderen Ende zieht man.

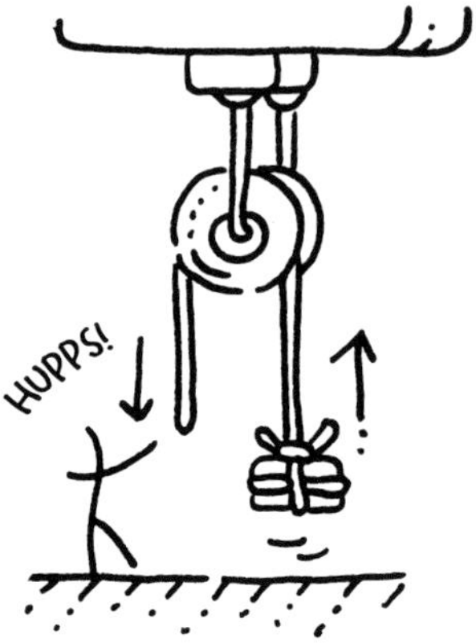

FLASCHENZUG, MEHRFACHER

Vorrichtung aus mehreren fest stehenden und beweglichen Rollen. Kleine Flaschenzüge dieser Art werden noch heute in Krankenhäusern verwendet, um eingegipste Gliedmaßen hochzuhalten. Große Flaschenzüge kommen in Industriefirmen und auf Schiffswerften zum Einsatz.

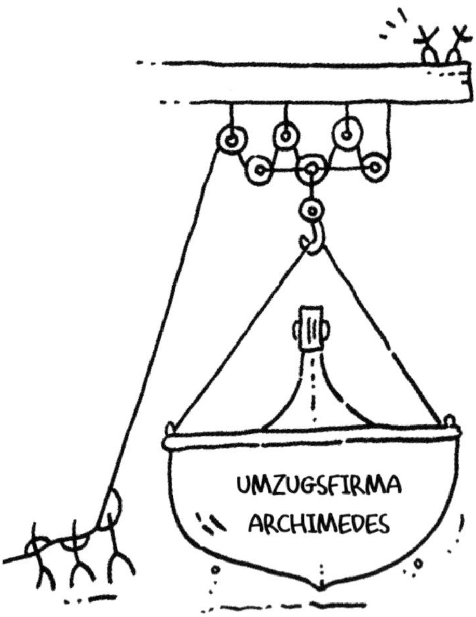

GEOMETRIE

Teilbereich der Mathematik; Lehre, die sich mit den Eigenschaften von räumlichen Figuren wie Gerade, Dreieck, Kreis, aber auch Kugel, Würfel usw. beschäftigt. Die »euklidische Geometrie« beschreibt die Eigenschaften aller zweidimensionalen Figuren wie z. B. Gerade und Rechteck.

GREIFER DES ARCHIMEDES

Eine der geheimnisvollsten Maschinen, mit denen Archimedes mitgeholfen hat seine Heimatstadt zu verteidigen.
Die Chroniken sprechen von einem riesigen Greifarm, der feindliche Schiffe am Bug packte und in Stücke riss.

GRIECHISCHES FEUER

Diese leicht entflammbare Flüssigkeit wurde während des Byzantinischen Reichs (ab 300 n. Chr.) häufig als Kriegswaffe eingesetzt. Sie konnte versprüht werden und war sehr wirkungsvoll, da sie unter fast allen Umständen weiterbrannte. Doch schon etliche Jahrhunderte zuvor, zu Zeiten von Archimedes, war es üblich, die Katapulte und Armbrüste mit brennenden Flüssigkeiten zu laden, welche auch Harze und Teer enthielten.

GRIECHISCHE WAFFEN

In den Labors des Museums von Alexandria wurden etliche Verteidigungswaffen entwickelt und gebaut. Die bekanntesten sind das Katapult sowie ein Mechanismus, mit dem man Steine oder Pfeile über große Entfernungen hinweg schleudern kann, ein Vorläufer der Armbrust.

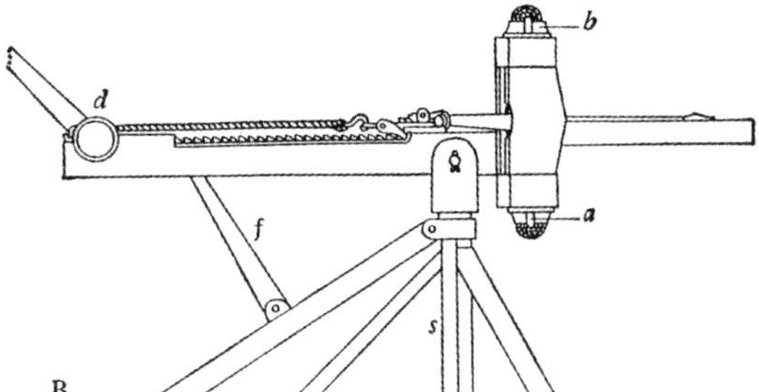

HEBEL

Es handelt sich um eine Vorrichtung, bestehend aus einem um eine Achse drehbaren Stab.
Auf diesen Stab, den Hebel, wirken zwei Kräfte ein: K (Kraft) und L (Last). Wenn wir den Abstand dieser beiden Kräfte vom Drehpunkt (D) k und l nennen, ist das Gleichgewicht erreicht, wenn K : L = l : k.
Diese Gleichung wird archimedisches Verhältnis genannt.
Die drei Elemente K, L und D können unterschiedlich angeordnet sein. Es gibt drei Arten von Hebel:

D zwischen K und L
Zweiarmiger Hebel: Dies sind Waagen, Laufgewichtswaagen, Wippen, Scheren, Zangen, einfache Flaschenzüge.

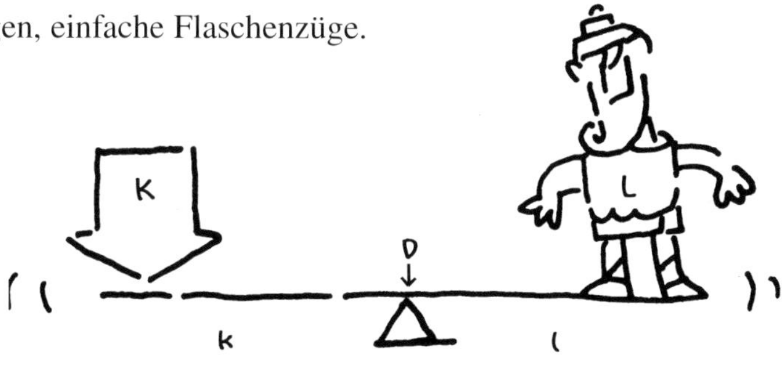

D, L und K
Einarmiger Hebel: Dazu gehören die Schubkarre, der Nussknacker, ein Ruder ...

D, K UND L

Winkel- oder Kniehebel genannt: Federn, Zangen, unser Unterarm ... Tja, die Welt ist voller … Hebel!

HERON VON ALEXANDRIA (UM 200 V. CHR.)

Er gilt als der größte Ingenieur der Antike. Zu seinen zahlreichen Erfindungen zählt, neben vielen automatischen Geräten, die Wasser und Luft als treibende Kraft ausnutzten, auch die Aeolipile, die erste Dampfturbine der Geschichte. Er erfand außerdem einen Weihwasserautomaten!

HOMER (8. JAHRHUNDERT V. CHR.)

Berühmter griechischer Dichter, der die beiden beeindruckendsten Epen der Antike schrieb:

die Ilias und die Odyssee. Unzählige Generationen junger Griechen mussten sie auswendig lernen und auch heute kennt man sie noch.

HYDROSTATIK

Teilgebiet der Physik, das sich mit den Kräften in ruhenden Flüssigkeiten beschäftigt. Grundgesetz: Im Inneren einer Flüssigkeit ist der Druck überall gleich groß.

KTESIBIOS AUS ALEXANDRIA (UM 250 V. CHR.)

Philosoph und Ingenieur aus Alexandria, der eine Vielzahl von Geräten erfand, die mit Druckluft und mit Kraftübertragung durch Flüssigkeiten arbeiteten, darunter Kriegsmaschinen, Wasseruhren, Wasserorgeln und auch die erste Saugpumpe der Welt.

KUGEL

Archimedes bewies, dass die Oberfläche einer Kugel der Fläche des Mantels eines Zylinders entspricht, der sie exakt umschließt. Auf diese Entdeckung war er so stolz, dass er sie sogar auf seinem Grab abgebildet haben wollte.

LAUFGEWICHTSWAAGE

Waage mit zwei ungleichen Hebelarmen, an deren längerem Arm eine Messskala und verschiebbare Gewichte sind.

LEUCHTTURM VON ALEXANDRIA

Das höchste Bauwerk der Antike. Der Leuchtturm galt seinerzeit als eines der sieben Weltwunder und war ca. 100 m hoch. Er überlebte alle anderen Weltwunder bis auf die Cheops-Pyramide. Zwei Erdbeben im 14. Jahrhundert zerstörten ihn schließlich.

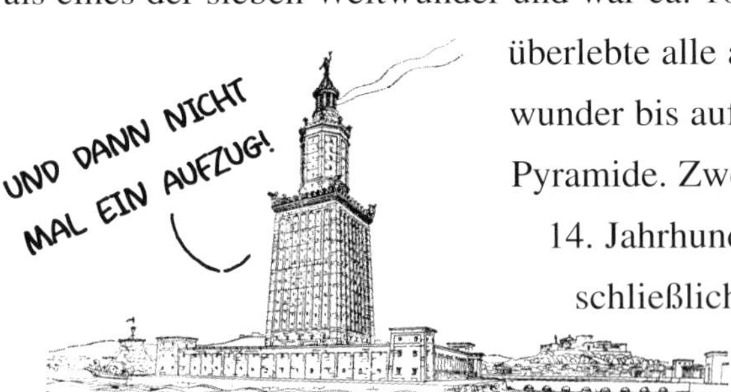

LYKEION VON ATHEN

Vorgänger unserer heutigen Gymnasien, gegründet in Athen in einem Hain, der dem Apollon Lykeios geweiht war. Es handelte sich um eine Schule im modernen Sinn, mit Lehrern, die auf bestimmte Fächer spezialisiert waren, und einer umfangreichen Bibliothek. Auch der große Aristoteles hat hier gelehrt. Es war eine »peripatetische« Schule, was bedeutet, dass die Dozenten am liebsten bei Spaziergängen im Garten unterrichteten.

MAGNA GRAECIA

Großgriechenland: Gesamtheit aller griechischen Kolonien am Ufer des Mittelmeers. Es waren unabhängige Städte, die gute kulturelle und Handelsbeziehungen zu Athen und anderen Städten des alten Griechenlands unterhielten. Neapel, Tarent, Crotone, Agrigent, Syrakus … all diese Städte wurden von den alten Griechen gegründet.

MUSEUM VON ALEXANDRIA

Im alten Griechenland waren die Museen Stätten, die den neun Musen, den Töchtern des Zeus, geweiht waren. Die Musen galten als die Hüterinnen der Künste und des Gesangs. Das Museum von Alexandria war die erste Einrichtung, in der Materialien und Gegenstände von geschichtlichem und wissenschaftlichem Interesse gesammelt und Forschungen betrieben wurden.

OPTIK

Wissenschaftszweig, der sich mit dem Verhalten von Licht befasst. Die geometrische Optik, mit der sich Archimedes beschäftigte, erforscht das Verhalten von Lichtstrahlen und die Gesetze der Reflexion und der Brechung.

PAPYRUS

Wasserpflanze, die vor allem in Ägypten am Nil sehr verbreitet ist, aber auch in den Flüssen bei Syrakus wächst. Aus dem Mark einer in Streifen geschnittenen Papyrusstaude gewann man eine Art Papier, auf das man in der Antike schrieb.

PI (π)

Die Kreiszahl Pi beschreibt das Verhältnis des Umfangs eines Kreises zu seinem Durchmesser. Bei zahllosen Versuchen stellte Archimedes fest, dass er immer auf 3,14… kam.

PTOLEMAIOS

Ptolemaios I. Soter, General unter Alexander dem Großen, wurde nach dessen Tod zum König von Ägypten ernannt (305 v. Chr.). Im Jahre 283 v. Chr. folgte ihm sein Sohn Ptolemaios II. Philadelphos auf dem Thron nach. Beide waren große Förderer der Künste und der Wissenschaften und natürlich auch der Alexandriner Bibliothek und des Museums.

QUADRATUR DES KREISES

Darunter versteht man den Entwurf eines Quadrats, das genau denselben Flächeninhalt hat wie ein bestimmter Kreis. Mit den Methoden der elementaren Geometrie (also nur mit Lineal und Zirkel) ist das ein unlösbares Problem.

SCHWENKKRAN

Gerät zum Heben, Senken oder auch Versetzen von Lasten. Er funktioniert nach dem Hebelprinzip. Zu Zeiten von Archimedes wurden solche Kräne auch als Kriegswaffen verwendet.

SCHWERPUNKT

Der Schwerpunkt eines Körpers wird auch Massenmittelpunkt genannt. Es ist der Punkt, in dem man einen Körper unterstützen muss, damit er unter Einwirkung der Schwerkraft im Gleichgewicht ist. Archimedes definierte diesen Punkt für eine Vielzahl geometrischer Figuren.

SPEZIFISCHES GEWICHT

Archimedes hat entdeckt, dass man das Volumen fester Körper mit Hilfe der Wassermenge, die sie verdrängen, messen kann. Dieses Gesetz des spezifischen Gewichts nennen wir noch heute das »archimedische Prinzip«.

SPIEGEL

Die heutigen Glasspiegel, die auf der Rückseite mit Quecksilber und Zinnfolie bezogen sind, gehen auf das 14. Jahrhundert zurück. Zu Zeiten von Archimedes waren die meisten Spiegel aus Bronze.

SPIRALE

Gekrümmte Linie, die unterschiedlich viele Male um einen festen Punkt verläuft. Sie ist eine der vielen geometrischen Figuren, die Archimedes eingehend erforscht hat.

VITRUV (CA. 55 V. CHR. BIS 14 N. CHR.)

Römischer Baumeister und Schriftsteller. Um das Jahr 27 v. Chr. schrieb er sein wichtigstes Werk, *De Architectura libri decem.* Ihm verdanken wir sehr viel Wissen über Archimedes und die in der Antike gebräuchlichen Maschinen.

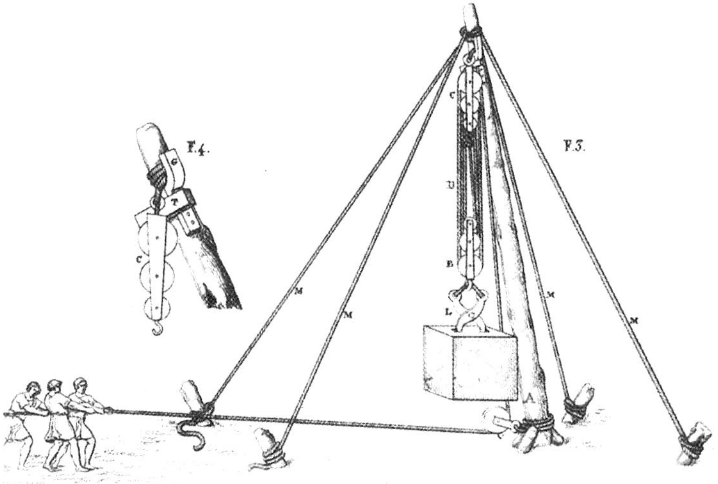

VOLUMEN

Das Volumen bezeichnet den räumlichen Inhalt eines Körpers. Auch wenn zwei Körper das gleiche Gewicht haben, kann ihr Volumen unterschiedlich sein, wie bei dem Goldbarren und dem Silberbarren, die Archimedes zur Überführung des Goldschmiedes verwendete. Silber hat bei gleichem Gewicht ein größeres Volumen, also mehr Rauminhalt, als Gold.

WAAGE

Messgerät zur Bestimmung der Masse eines Körpers, bestehend aus einem Hebel mit zwei gleich langen Armen. Indem er die Eigenschaften des Hebels definierte, legte Archimedes den Grundstein für die Verwendung der Waage als Instrument zum Messen von Gewichten.

WASSERSCHNECKE

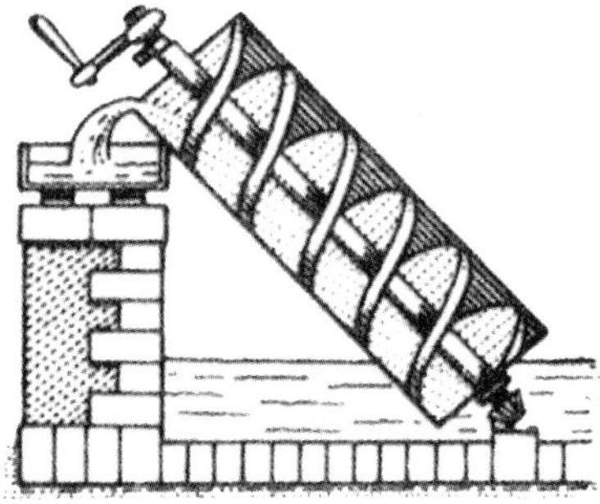

Eine von Archimedes erfundene Vorrichtung, mit der man Wasser oder andere Substanzen von einer tieferen auf eine höhere Ebene bringen kann. Sie besteht aus einer Art Schraube, die sich im Inneren einer Röhre dreht, welche ihrerseits mit einer Handkurbel oder den Füßen oder heute mit einem Motor angetrieben wird.

WINDE

Eine der Maschinen, die Archimedes erfunden und eingesetzt hat, um schwere Lasten zu heben oder heranzuziehen. Sie besteht aus einer Rolle, um die ein Seil geschlungen ist, das auf- oder abgewickelt werden kann und so einen Körper entweder heranzieht oder hochhebt.

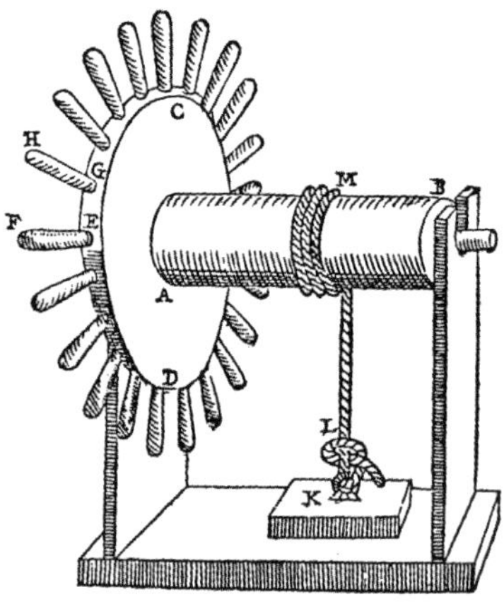

ZAHLEN

Zu Zeiten von Archimedes gab es noch nicht die Ziffern, die wir heute benutzen. Die heutigen Zahlen 1, 2, 3 ... wurden erst im Mittelalter in Europa eingeführt. Die Römer hatten eigene Ziffern: I, II, III, IV und so weiter. Die alten Griechen rechneten mit den ersten Buchstaben ihres Alphabets.

Aristippus Philosophus Socraticus, naufragio cum ejectus ad Rhodiensium
litus animadvertisset Geometrica schemata descripta, exclamavisse ad
comites ita dicitur, Bene speremus, Hominum enim vestigia video.
Vitruv. Architect. lib. 6. Praef.

INHALTSANGABE

LUCA NOVELLI,

Autor und Illustrator, ist der Verfasser zahlreicher Bücher über Naturwissenschaften und Natur, die in viele Sprachen übersetzt wurden. Er arbeitet als wissenschaftlicher Berater für die RAI, das staatliche italienische Fernsehen, und leitete zehn Jahre lang eine Zeitschrift für Grafik und Design. Für die Reihe »Lebendige Biographien« erhielt er 2004 den italienischen Andersen-Preis als bester populärwissenschaftlicher Autor.

BEREITS ERSCHIENEN:

Einstein und die Zeitmaschinen

Galilei und der erste Krieg der Sterne

Darwin und die wahre Geschichte der Dinosaurier

IN VORBEREITUNG:

Leonardo da Vinci

Thomas Alva Edison

LEBENDIGE BIOGRAPHIEN

Eine Reihe von Biographien über berühmte Wissenschaftler, in der Ich-Form geschrieben, die Luca Novelli auch illustriert hat. Eine höchst vergnügliche und mitreißende Lektüre, die jungen Lesern die Möglichkeit bietet, jene genialen Köpfe kennen zu lernen, welche die Geschichte der Menschheit verändert haben.

IN DIESER REIHE ERSCHIENEN:

ISBN 3-401-05742-1
ISBN 978-3-401-05742-2